降伏

1945年9月2日

ジェームスLスターンズ　著
スザンヌ・サイモン・ディース　著
坂本明美（アイゼルベーカー）　訳

© Suzanne Simon Dietz, 2014.

レイアウト、カバーページ、デザイン by ビューデザインズ

著作権所有

2014年初版、2015年

ISBN: 978-0-9968870-0-7

スターン氏の話の一部は「我が真針路：セオドア・ヴァン・カーク　ノーサンバーランド州から広島へ」からの再販である。

著作権を守るあらゆる努力はされているが、万が一見落としがあったとすれば意図的なものではない。その場合、将来の版にて訂正されるものとする。

印刷：アメリカ合衆国

PO Box 496, Youngstown, NY 14174
www.BeauDesigns.biz

祖国の為に海上にて命を落とした全ての軍人に捧げる

目次

解説 7

序章 9

1．USS ボイシ 11

2．交戦状態 15

3．USS ミズーリ 24

4．1945 年 9 月 2 日 29

5．回想 35

忘れることのない 1945 年 9 月 2 日 40

後注 42

スザンヌ・サイモン・ディース　その他の作品

バッファローのコンソリデーテット・エアクラフトと
英雄的テストパイロット達

ジョニーの冒険
ルイストンの地下鉄道

ポーター居住者による初期の町 (1800年—1829年)
(共著者カレン・ヌーナン)

汝の兄弟に敬意を
共産主義との戦い

炎、そして4つの旗から
ポーターの町、昨日そして今日

ジョニーの冒険
グィネヴィアの探索

我が真針路
セオドア・ヴァン・カーク　ノーサンバーランド州から
広島へ

ルイストンそして今
（共著者エーミィ・リン・フライアムース）

ナイアガラ要塞での戦争捕虜抑留
参照マニュアル

汝の父母に敬意を
ナイアガラ地境にて、愛国心のレガシー

ルイストンでのアメリカのイメージ

ポーターでのアメリカのイメージ

解説

『降伏』は戦争が終わった際の何ともいえぬ喜びの気持ちについての執筆である。ジム・スターンズ氏は「何十年間後にようやく訪れた初めての世界の平和」と述べた。そしてマッカーサー陸軍元帥によると、「全世界が静寂に、そして平和に浸る」と表現されている。「快い降伏」のときだったのだ。破壊が止み、もはや人々の心に浸透していた畏怖の念もなく、人類が将来一緒にやっていける、と悟ったであろう時であった。しかしながら、それに反し、間もなく戦争がまたもや主唱され、韓国、ベトナム、イラク、ボスニア、アフガニスタン、再びイラク、そしてまたしてもアフガニスタン、と戦争は未だ止まない。

いつになれば、我々は戦争が対立を解決するための最も有害で破壊的な方法であるという過酷な現実を、そして戦争よりもよりよい、経済的な解決策がある、ということを悟るのであろうか。おそらく、いつか我々は共存できるようになるであろう。だが現時点の歴史的観点から見て、それがどうも実現化されかねているようである。

二千年もの前にイエスはこう唱えた「汝よ。また、戦争と戦争のうわさを聞くであろう。注意していなさい、

あわててはいけない。それは起こらねばならないが、まだ終わりではない」。
ジェームス王訳マタイ聖書24:6

ウィリア・O・ミラー
海軍少将、JAGC,アメリカ海軍（退役）

序章

　100万人以上もの軍隊で成り立つドイツ機甲師団が1939年9月1日、日本標準時間では9月2日に隣国であるポーランドへ侵入し、これが地上のほとんどの国を紛争に巻き込むことになる。
　その二日以内にイギリス、フランス、インド、オーストラリア、そしてニュージーランドがドイツに対し開戦を宣言し、まもなくポーランドに引き続き南アフリカ連邦、カナダも開戦を宣言した。日本が1941年12月7日に真珠湾を攻撃した際には、その他のほとんどの国が参戦した。
　6年後の1945年9月2日、7200万以上の、そして歴史家によっては1億人とも言われている戦死者の犠牲のもと、USS（アメリカ海軍攻撃型原子力潜水艦）ミズーリは第二次世界大戦を公式に終了する調印式を主催した。
　この同盟国に対する日本の天皇の降伏式典についての記念小冊子は、9月2日に戦艦ミズーリの航海長であり、将校であった私自身のストーリを通して作成されたものである。
　この重要な出来事は第二次世界大戦、そして地球上の自由を求める為の戦いに終止符を打った先例のない歴史そのものであり、マッカーサー元帥は「（平和

が）世界に復元し、神が永久に平和を守ってくれることを諸君と共に祈りたい」と述べている。

　読者がこの小冊子を読むことにより1945年9月2日の重要性を理解してくれることを願う。

ジェームスLスターンズ
アメリカ海軍予備艦隊少佐（退役）

1

USS ボイシ

　1940 年の夏のある夜、19 歳だった私は海軍将校になるという取り返しのつかない決意をした。私の人生を変えたこの決断は、友人とのちょっとした会話がもとであった。ヘンリー・ハリスがこの話を持ちかけてきたのだ。なんでも、2 年以上の大学歴を持つ男子を対象に新しい将校訓練を行っているプログラムがあるという。ヘンリーは海軍に入る決意をし、それによって様々な世界が見られることに大変心を弾ませていた。ヘンリーがそのことについて話すのを聞けば聞くほど、やけに楽しそうに聞こえるのだ。戦争が起きる可能性はあったことはあったが、随分遠いことのように思えたし、そんなことは重要ではなかった。私はちょうどエモリー大学での 2 年を終えたところだった。

　その日の夜、両親を説得し許可を得ることは思ったより難しくなかった。[1]　まあ話をすることになったきっかけそのものはあまりよくなかったが。夜中頃家に戻り入って行った途端、父がこうきた。「ヘンリー・ハリスが海軍に行くと聞いたがおまえも同じことを考えているなら答えは NO だ！」

　この日の出来事が、自分に説得力を身につける最初のよい経験となった。たまに聞く酔っ払いのセーラー

のよくない噂を相殺するために、両親に自分が耳にした紳士的将校のイメージのよい話をたっぷりとしたわけだ。私はりっぱな将校になると分かっていた。両親はこの前向きな話を聞き、そして私がこの道に入る決意がどれだけ固いかを悟り、無条件に承認してくれた。

健康診断も問題なく済ませ、7月には海軍予備隊に正式に入隊を認められ、ニューヨークでUSSイリノイでの4ヶ月のトレーニングを始めた。これは30日間の巡航を含むものであった。4ヵ月後に、学生の大多数は将校になった。11月の半ばに、私は3等海尉の位を与えられた。

その後、カリフォルニアのロングビーチにてUSSボイシ[2]に加入し、数ヶ月の間そこを拠点に仕事をすることになった。この時初めて両親から離れて生活することになり、成人期への第一歩を踏み出したのであった。ハリウッドに在住している間、様々なバックグラウンドの人々に出会い、国内の様々な場所を見る機会も持てた。それに初めてのローズボウルゲーム。[3] 両親が車で会いに来てくれ、カリフォルニアの海岸沿いの美しい景色を共に楽しむこともできた。とにかく楽しい毎日だった。

1941年の春、ボイシは真珠湾の太平洋艦隊に加わり、その後の7ヶ月間は、2週間は海上、そしてその後の2週間は港で仕事、というパターンのスケジュールになった。しかし仕事をした4日のうち1日は『リクリエーションとアドベンチャー』と呼ばれる日で昼

の12時ごろには仕事を終える。何人かの友達と一緒に1930年型キャディラックオープンカーを300ドルで購入した。まさにこれからが楽しい人生、というわけだ。

　真珠湾では戦争の戦略、それに日本の船を攻撃する為のトレーニングが行われた。海上での2週間は日本からの攻撃をいかに撃退するかの守勢練習に時間を費やした。海上では休みは全くなく、港でも日曜以外は練習に練習を重ねた。我々は、恐れていたことがまさか実際に、しかも態勢が整っていなかった日曜日に起きることなど知る由もなかった。

　11月の半ばに我々は中国へ向かう商船の船団と共に真珠湾を出た。その当時中国では日本との戦争が起きていた。[4]　我々だけが戦闘船で、商船の船団を守るのが我々の役割であり、まるで戦争中であるかのように戦闘準備は整えられていた。

　フィリピンに向かう途中のちょうど日暮れ時、はるかかなた地平線沿いに見慣れぬ船が見えた。船の形から日本船だと分かったが、「敵か見方か」の見分けがつかなかった。

　構えは出来ていた。一晩中戦闘準備の態勢を整えたまま、敵はそのまま動くことなく我々の動きを遠くから監視していた。明け方には船は消えた。非常に妙なことではあったが、それについてそれ以上考えることもなかった。1941年12月3日の出来事であった。そして我々は12月5日に商船の船団と共にマニラに到着した。

海軍大将（トマス・チャールズ）、アジア艦隊の司令官であるハート、この二人は共に日本との戦争は差し迫ったものであることを悟っており、マニラがいわれのない攻撃の的になると信じていた。
　次の日、我々は商船抜きで去ることを命じられ、セブ島の南部へ向かい、翌週予期された事件に備え待機することとなった。

2

交戦状態

> 1941年12月8日午前5時、ボイシはある通信を傍受した。その時三等海尉であり、航海長補佐でもあったスターンは4時から8時までのシフトのため、橋に向かっていた[5]。

　船長は海軍長官であるノックス氏からの通信文を見せてこう言った。「おい、ジム、日本と戦争だ」。我々はただ戦略エーブル、ベーカー、チャーリーを施行せよと命じられただけで、何がきっかけでこうなったのかなど何も知らされなかった。当時、アメリカは既に大日本帝国との戦時状態となっていたが、真珠湾攻撃については知らなかった。
　クリスマスイブの日、オランダ領東インドの小さな港に到着した。そこで海軍空軍のパイロットに出会い、真珠湾で何が起こったのかを聞いた。後に、我々が見たあの日本船は真珠湾に向かう機動部隊を探知されないための警備の一部だったことが分かった。
　1942年の2月、ボイシはオランダ領東インドのバリ島近くの未知の浅瀬に座礁した。船の修理が出来る一番近い海軍造船所はインドのボンベイだった。その

ため、それから 7 週間ほどは、かつてラドヤード・キップリングが「スエズの東のどこか」について書いたように、素晴らしい冒険を楽しみながら時を過ごした。イギリス海軍が最悪の敗北を喫し、日本がシンガポールを侵略している間、我々は戦争が起きていることさえ知る由も無かった。

　3 月になり、船は一時的に修復されたが、サンフランシスコのメア島にある海軍造船所での完全修理のため、長い帰路に着いた。

1942 年 7 月 29 日、ボイシは真珠湾を出た。

　我々は侵略の体制を整えている艦隊に加わるため、ガダルカナル島へ送られた。少なくともそれが目的だと思っていた。いざ到着してみると、我々の役割は、我がアメリカの艦隊が侵略準備を進めている間に、日本の船の気をそらしこちらへおびき寄せることであることが分かった。我々の任務は、東京を攻撃するさらなる機動隊を引き連れてきているかのように見せかけるため、大きな円を描くように真珠湾からミッドウェイ島へ立ち寄った後、東京から 500 マイル圏内の西の方へと向かうことであった。この任務によって、二度と戻れない可能性は非常に高かったに違いない。目的地に着き、投光照明をつけ、投石機を備えた飛行艇を 2 機より発射させた。我々の役目はドーリットル空襲のように見せかけてこちらの存在を明らかにすること

であった。それまで沈黙を保っていた無線電信だが、この２機をさがすためにその沈黙は破られた。

　策略は成功した。日本船は南太平洋からわきにそれ、アメリカ海軍の大攻撃（であると日本側は取った）を遮断する準備のために大急ぎで日本へ戻って行った。このため、アメリカは日本軍からの大した妨害もなくガダルカナル島を侵略することが出来た。しかし我々に関しては、２機の飛行艇、およびパイロットを、日本の酷く荒らされた海の中何時間も救助しようと試みたが、結局救うことは出来なかった。

　仲間を救助することが出来ないと諦めた時点で、我々は１８０度回転しフルスピードでその場を去った。しかし真珠湾に向かう途中、また転換しガダルカナル島へ送られることになった。

　１９４２年８月７日、海軍はソロモンの島々、トゥラギ島、ガダルカナル島、そしてマライタ島の岸を突撃した。

　ガダルカナル島の南にあるガダルカナル島に到着した。

　アメリカ軍のサボ島での敗北を考えると、日本がガダルカナル島を取り戻そうとするのを止めることは難しくなってきたように思われた。我々は毎晩のように『東京エクスプレス（鼠輸送船）』のことを聞かされ、我々が上陸出来ないように場所を仕切っていると聞い

た。我々の機動隊が、東京エクスプレスを止めるように と命じられるのではないかという噂がどこからともなく流れてきた。そして、日本艦隊がガダルカナル島に向かっているという知らせが偵察隊から届いた。

　管理側ではヨーロッパ、太平洋側、のどちらに重点を置けばいいかという問題にかなり頭を悩ませているという噂を聞いた。アーネスト海軍元帥は、真珠湾とオーストラリアの海通路を開けておき、ニュージョージア海峡経由でソロモン島まで往復することによって日本海軍が自分たちの部隊員を交代させたり、駐屯隊への供給をしたりするのを止めさせたいと提案した。

　1942年10月11日、ガダルカナル島北端にあるサボ島とエスペランス岬にて我々はボイシ、及びその他の巡洋艦、撲滅船とでソロモン島を包囲した。

　11日の日曜夜遅くから12日の月曜早朝にかけて、私は恐れやパニック状態というよりは、むしろ我々の戦略は成功するであろうという自信で士気高揚としていた覚えがある。私が所属する戦闘部署は橋のすぐ後ろにある囲いで囲まれた海図室だった。外面が真っ黒で照明もなかった。外で何が起きているかは見えない為、音で分かった。船長のマイク・モーランが正体不明の船が6000ヤード以内にいるという報告を受け、直ちに発砲許可を求めているのが聞こえた。そして船長は返事を受け取る前に私達に発砲するよう命じた。

我々の船は旗艦ではない。その為（ノーマン）スコット海軍大将が指揮していた。
　ノーマン海軍大将の船には電波探知機がなかった[8]。午後11時に我々の船の電波探知機にて8〜9マイル先に船の位置を確認した。モーラン船長の発砲許可要求は却下されたが、我々の船が4000ヤード程近くで相手の船を包囲した時船長は「発砲せよ！」と命じた。海軍の方針では、危険な状態にある場合は戦闘を始めてもよいとされている。直ちに我々は魚雷と艦砲射撃の的となり、我々初めての向き合いの戦いとなった。15分ほどの激しい海軍交戦の後、我々は敵にかなりの打撃を与えた。が、我々自身も敵からの魚雷により打撃を受けたため、引き上げざるを得なくなった。外は真っ暗な状態だったのが今では明々としていた。
　叫び声が飛び交い、まるで7月4日のようだった。「敵を打ちのめしたぜ！やったぜ！」と叫んだ後、自分達も打撃を受けたことに気付いた。被害対策乗員の電話線の向こう側から「前方の弾薬庫が水浸しだ！」という叫び声が聞こえた。前方の弾薬庫が爆発した時船の揺れを感じ、沈む危険性があると分かった。どうにかしなければ、と分かってはいた。その時には誰が殺され、怪我をしたのか、我々がこれからどうなるのか、などについて全く考えていなかった。その時起きたことは終わりがないように思えたが、実際は多分15分〜20分くらいのことだっただろう。

我々は日本の何隻かの艦船を沈没させたか、そうでなければ少なくとも打撃を与えたことは確かだった。その数は後で考えてみると多分8隻ぐらいだと思われた。しかし我々の船もかなりダメージが大きく、右舷に激しく傾いていた。船長は我々にスピードを落としながら撤退し、船を何とか守らなければならないと告げた。途端にもはや敵との戦いではなく、海上で生き残ろうとする闘いとなった。漏れは止まり、我々の船はびっこをひいているかのようにそこを離れた。夜明けに我々たった一つの船が海に浮かんでいたが、無事にミルン湾に向かった。私が思うに人間の心には安全真空管のようなものがあって、とても耐えられるものではないような暴力、死、大虐殺などに対する恐怖感を締め出すようだ。そんな恐ろしいことの代わりに今与えられた任務の完了、そして次に取り組む任務に備える必要性について考えていた。
　報告書に取り掛かっている最中、船長と航海長は今回の出来事をどう呼べばいいか悩んでいた。前日の夜に起きたことのコースを海図で見ながら、私はこう言った。
　「ここで起きたんですよね。矢張りエスペランス岬の戦い、と呼ぶべきでしょう」。ということで、そう呼ぶことになった。これが、私にとって世界第二次世界大戦における最初で最後の海戦経験だった。この 10 月の夜の戦いは他に比べようのないほど激しいもので

敵は日本船、アオバとキムガサを使ってボイシの前方の弾薬庫を爆発させた。ボイシは修理のため、パナマ運河からフィラデルフィア海軍造船所までのろのろと戻って行った。爆発と火災ガスで乗組員が104人、幹部が3人亡くなり、200人程の水平が傷を負った。[9] しかし、エスペランス岬の戦いでのボイシの卓越した活躍のおかげで、ガダルカナル島に駐留していた海軍を砲撃していた日本の巡洋艦を途中で引き返させることが出来た。[10] この戦いの転換期は、無数の戦艦がアイアンボトム湾で失われた為、アイアンボトム湾の戦い、としても知られている。

> 1943年7月9日、連合軍によるイタリアのシチリア島への上陸作戦、あるいはそのコード名ハスキー作戦により、大規模に陸海空共同で空中活動を開始した。軍隊と護衛を輸送する2500隻以上の船がオラン港に集まった。[11]

カモフラージュの色のペンキで塗装されたボイシは晩春になってヨーロッパ戦区へ向かった。ジブラルタルからオラン、そしてアルジェまで軍隊を輸送し、ヨーロッパでの初めての侵入として、シチリアへの侵入を試みる他の艦隊に加わった。自分たちの飛行機を撃ってしまうという不運な出来事、つまり友軍砲火がたくさんあったが、シチリア侵入は速かった。サレルノ

ではドイツ軍のうなり爆破で金切り声のような大きい音を生み出し、恐怖心を煽いだ。我が艦船ブルックリン、フィラデルフィア、そしてサヴァンナも発砲するなどして陸軍をサポートした。

1943年9月3日、連合軍がイタリアに上陸した。

　1944年の4月、私がサンフランシスコの海軍基地に戻れという命令を受けた際、ボイシはオーストラリアの北、ユリシー環礁の辺りにいた。ボイシから分遣された我々グループは、サンフランシスコに向かうオランダの貨物船でのレジャー遊航の船客となった。トランプのブリッジを何度したことか。毎晩のように「こちらは船長のロンメルです。。。」というアナウンスが聞こえてきた。大抵何人かの将校が船長と冷たいビールを飲んでいた。我々が船長はあの有名なドイツのエルヴィン・ロンメル総陸軍元帥と親類なのかと聞いたところ、船長は「あいつは俺の兄だよ。」と答えた。そしてオランダ人の多くはナチスではないし、彼は太平洋で日本と戦っていた、とも説明した。
　スターンは海軍へ出頭したが、30日の休みを言い渡された。
　毎日のように連絡を取り、やっとのことでロードアイランドのニューポートに出頭せよと命じられた。1944年6月6日の攻撃開始日には家にいたが、その1、2日後、2度目の勤務期間のため家を出た。私が与え

られた2つ目の課題は航海学校ですぐに航海に出される新しい乗組員を相手に教鞭を執ることであった。

当時既に結婚し、子を一人持っていたスターンは自分にとってもう戦争は終わりだと思っていた。「今ではロードアイランドの海軍訓練学校を運営していた。これは新しい船の乗組員を対象とする訓練学校である。毎週のように新しいクラスがスタートした。かなりのスピードで船が造られていたため、乗組員が必要であった。学生を落第させもしなかった。私はミズーリ号の海軍乗組員を訓練し、海軍学校の学院長として戦艦の船長に任命された」。

1944年4月4日、第20航空軍が太平洋先駆に配置され、インドの基地から始まり、中国の基地へ移動、そして後にマリアナ諸島を基地として稼動した。

3

ミズーリ号

　1944年11月の初旬、電話が鳴った。「ジムよ、出番だ」。どの船か、と私は聞いた。答えはミズーリだった。出頭の命令が下される際、大抵は「出頭せよ」とくるのだが、今回は「直ちに出頭せよ」とのことだった。ミズーリはニューヨークに配置していた。私の家族は両親が連れて行ってくれた。1944年の大統領選挙の前だった。

　ポールスティルウェル作の『戦艦ミズーリ』で、海軍の新しい船上組織が作り出されたことが述べられている。連隊の一つとして航海しながら戦艦を試すという組織であった。

　私は船の操縦者として、船がどこへ行き、いつ到着地にたどり着いたかを常に確認した。当時はただの中尉であった。1ヵ月後、パナマ運河を通過する8回目の航海の際、私は海軍少佐に昇進された。戦艦の船幅は108フィートだった。運河の案内人は110フィート幅の閘門の間を、端それぞれほんの1フットずつ間を空けて通過させてくれた。ミズーリ号は戦艦アーカンソー号とテキサス号と共に太平洋へ渡った。

1944年11月7日、ルーズベルト大統領は第4期目、大統領に再選された。トリニティテストの為ニューメキシコのアラモゴードで建設が始まった。
　1944年12月24日、クリスマスイヴの日、ミズーリ号は真珠湾に到着し、太平洋艦隊から大歓迎された。

　1945年2月19日、ミズーリ号は硫黄島に着地し、上陸用艦艇が海岸に向かう前に一日中砲撃活動を行ったのだが、そこで日本軍は既にへたばった。最も悲惨な戦いの一つであった。
　活動分遣隊への使命は上陸舞台を上陸させ、レモン色の島としても知られている硫黄島の南方の岸辺にアメリカ海軍の波をたたきつけることであった。その前の三日間に渡る海軍およびアンテナ集中砲火で、硫黄島は煙に覆われ、それはまるで岸で粉砕される太平洋の海の強いうねりのようであった。

　1945年3月24日、ミズーリ号およびその他の船は沖縄の土地侵入に向け、南東海岸を砲撃した。

　我々が実際戦艦として活躍すべき時が来た時の気持ちは最高だった。本当に爽快な気分だった。船が戦闘ステーションに位置していた時は、K号携帯食の缶詰の肉やチーズを食べた。

1945 年 4 月 5 日、モスクワは日本が同盟国であるアメリカとイギリスを相手に戦争をしていることに対し公然と非難し、その為ソビエトと日本との中立条約を更新することにはつながらないと述べた。そして東京ラジオによると、そのモスクワの声明と同時に、最高司法長官である小磯邦明氏、及び彼の顧問団が辞任した。米国連合通信社によると、日本の軍国主義派の熱心なメンバーであった小磯氏はその少し前に、日本が硫黄島、サイパン、それにガダルカナルを取り戻す為、戦闘の準備を整えていると報道した。元海軍大将である（退役）鈴木貫太郎男爵が小磯の後任として任命された。[14]

　1945 年 4 月 8 日、日本軍は全ての神風号を出動する決意をし、我々を攻撃してきた。攻撃の際、私は橋の辺りにいた。神風はデッキの後部半分、水中と、橋の半分との間に突撃した。
　我々は何とか自分たちを防御することが出来、死人は出なかった。亡くなった飛行士には航空機の半分に残っていた体の残骸をキープし、定例の海軍の葬式をした。
　私の船室は橋後部の左側にあった為、私は指令が下されれば直ちに出頭できる状態であった。

1945年4月12日、第32代アメリカ合衆国大統領であったフランクリン・ルーズベルトが死亡した。船にそのニュースが届いた時、通信兵が旗を半旗の位置まで下げた。
　1945年4月16日、ミズーリ号は12時間に亘る空襲に持ち堪えた。
　1945年5月18日、ウィリアム・ハルゼー・ジュニア海軍大将がミズーリ号に旗を揚げた。
　1945年7月8日、第3号艦隊は7月10日に東京、そしてそのあと何日かに渡って本州及び北海道を的に攻撃するため日本の主な島に接近するコースをとった。[15]
　ミズーリ号は日本の製鉄工場を目掛けて数百弾発射した。

　7月の半ばの数日間は本州の産業地帯を的に攻撃が続いた。スターンは夜間の砲撃をする際、新しいロラン電子ナビゲーションシステムに頼っていた。艦長であるマレイ（「サンシャイン」スチュアート）は自分の航海技術に自信を持っていた人であったが、スターンのお勧め通り敵の海岸沖でコースを変えた。ジェームス・スターンズ海軍少佐が第3号艦隊のナビゲートの責任者であった。マレイ艦長は「ジミー、まだ着かないか？」と私に聞いた。ついに抵抗を受けながらも岸に向かった。艦長は気が気でないように再度同じ質問をした。私はとにかく自信を持つようにと訓練され

てきており、世界克服ができるような気持ちになっていた。我々は何の抵抗もなく岸と平行に船を着けた。

エノラゲイB29号が広島に原爆を落としたというニュースが届いた際、我々の計画は九州に侵入することであった。

1945年8月9日、ミズーリ号に乗ったハルゼー海軍大将が「どうやらこれで戦争も終わりのようだ」と述べた。1、2日後、ミズーリ号は降伏文書調印式が行われる場所へ向かうようにと指示を受けた。我々は剣を取り出し光に翳すべきだ、と私は思った。

式当日の2,3日前に我々は船を相模湾までつけ、そこで富士山を見ることが出来た。日本人の船頭が地雷原を避けるため東京湾まで率いてくれた。我々は彼をモト氏と呼んだ。彼は非の打ち所がない英語を話した。突然我々の感情は敵対心、死、の意識から友情へと変わっていった。そこでモト氏にいくつか質問をした。「東京に行ける？」「日本人は今負けた悲しみに浸っているか」、など。モト氏の答えは「天皇様はこうおっしゃった。。。」で始まった。我々は係留せずにイカリを下ろした。デストロイヤーが報道関係者を連れて港につけた。

4

1945年9月2日

　1945年9月2日、私は午前8時から午後12時まで当直将校だった。4時間毎に交代となっており、私は艦長、および政務官の命令で3番目のシフトであった。任務はとにかく間違いのないように事を運ぶことであった。[16]

　我々は最上位司令官の旗を掲げた。まずは星章4個保持者のハルゼー海軍大将の旗、そして星章5個保持者であるニミッツ海軍大将。その後、ハルゼー海軍大将の旗を降ろし、同じく星章5個保持者であるマッカーサー陸軍元帥の旗を揚げた。

　航海日誌-意見シートがジェームス・L・スターンズ少佐によって署名された。アメリカ海軍予約、8ページから12ページに記録：

午前8時0分少し前に米国線、ブキャナン号（DD484）が横付けしイカリを降ろした。降伏文書調印式に立ち会うため、多くの陸軍将官、及び海外代表者が左側に位置した。
　午前8時5分、ＣＷニミッツ元帥が乗船し、彼自身の旗がメインマストに掲げられた。午前8時24分、ブキャナン号（DD484）は離岸した。8時38分、ニコラス号（DD449）がダグラス・マッカーサー陸軍元帥の為に接岸した。[17] 8時43分、ダグラス・マッカーサー陸軍元帥が乗船し、今度は彼の旗がニミッツ元帥の旗と共にメインマストに掲げられた。8時48分、ニコラス号（DD449）が離岸した。[18]

　元帥の司令艦艇は日本の代表団を連れてきていた。[19]

　道板のところに8人が左右4人ずつに分かれて立っていた。私はそこに立たせるのに、それぞれ6フィート以上背丈のある体格のいい男子を選んでいた（これも日本の代表団を威圧するためのものであった）。
　日本側が船に乗り込んでもよいか許可を求めてきた。我々は「よかろう」と答えた。ハルゼー海軍大将とニミッツ元帥は降伏文書調印式のためのデッキより高いデッキへ日本人役員を連れて行った。

1945年9月2日、日本、東京湾にて。ミズーリ号上での降伏文書調印式

左から：ダグラス・プレート中尉、マレイ艦長、ジェームス L・スターンズ少佐、リチャード・E・バード海軍少将、米国海軍

写真　ナショナル・アーカイブより

東京湾、北緯 35 度 21 分 17 秒、東経 139 度 45 分 36 秒、にてダグラス・マッカーサー陸軍元帥、及びその他のスタッフは、「司令部により、そして日本の天皇陛下、及び日本政府を代表して」、重光葵、そして「司令部より、そして日本帝国総司令部を代表して」、梅酢美治郎陸軍大将、この二人が降伏文書に署名する際、立会人となった。ダグラス・マッカーサー連合国軍最高司令官は連合国軍を代表し、「全ての国々」の為に降伏文書に署名した。「全ての国」の代表者には、アメリカ合衆国のチェスター・W・ニミッツ海軍大将、中華人民共和国を代表するシュー・ユン-チュワーン陸軍元帥、英国を代表するブルース・フレーザー海軍者卿、ソビエト連邦を代表するクズマ・ニコライエヴィッチ・デレヴィアンコ大尉将軍、オーストラリアを代表するトーマス・ブレーミー卿将軍、カナダを代表するローレンス・ムーア・コスグローブ大佐、フランス共和国の臨時政府を代表するフィリップ・ルクレール将軍、オランダ王国を代表するコンラッド・エーミール・ランバート・ヘルフリック提督、そしてニュージーランドを代表するレナード・M・イシット空軍少将が含まれる。[21]

　終わった。あらゆる残酷な行為に荒廃状態の後。後甲板から上甲板を見上げると、これらの全ての連合軍の役員が見えた。何とも言えない程意気揚々とした気持ちがこみ上げてきた。

マッカーサー陸軍元帥は「今ここに、世界に平和が復活し、その平和を神が常に守ってくれるよう祈ろうではないか」と述べ、終わりの言葉とした。そして全ての降伏文書調印式における一連の項目が終了し、航海日誌によると、式は午前9時25分に終了した。

　甲板の上を多数の航空機が飛ぶことになっていた。マッカーサーはハルゼーを見て、「ったく航空機はどこ飛んでやがるんだ？」と言った。ちょうど日本人どもがデッキから出てきたところに爆撃機が飛んできて空を黒くした。第三号から飛んできた450機もの航空機が爆撃機に続き上空を飛んだ。[22]　パイロットのうちの一人、リチャード・C・カールは「日本人役員に見せつけるため、デッキの上空300フィートの辺りで他の数百機のB29と共にパワーミッションと言われる飛行を披露した。物凄く迫力のある騒音だった」と述べている。[23]　これは、もう二度と我々に馬鹿な真似をするな、というメッセージであった。

　降伏文書調印式のテレビ放送は23分であった。戦争は終わった！

　海軍にいた5年間の間に私は随分成長したと思う。そこでの思い出は、不快なものも含めて、様々な経験を得たという素晴らしい思いでいっぱいだった。ミズーリ号での降伏文書調印式で役員の任務を与えられた際、今でも強く心に残っている思い出は、戦争ではなく平和を、という思いだった。何年もの間私は、国際問題についてもっといい対処の仕方があるはずだと信じてきた。

私は以下の声明を何度も読んだ。戦争から得た、最もパワフルな供述の一つであると信じている。ダグラス・マッカーサー陸軍元帥は、1951年4月19日に行われた議会の合同会議でこう述べている。

　軍隊同盟、力のつりあい、国際連盟、全て次々に失敗し、唯一つ残された道は厳しい試練となった戦争だけとなってしまった。戦争の完全な破壊力はこの選択肢を遮ることとなった。我々は最後のチャンスを与えられた。もし何とかして公正なシステムを生み出さなければ、ハルマゲドンがやってくるだろう。基本的な問題は神学上のものであり、精神的な再燃、それに過去2000年にわたる、ほとんど無比である科学、芸術、文学、つまりすべての物質的な、そして文化的な進歩と同時に起こるであろう、人間性の改善性、を要するのだ。人間の肉体を救う為には精神力が必要だ。

写真　ナショナル・アーカイブより

5

回想

　　我々は、原爆が落とされたと聞いた時、そしてミズーリ号が正式な降伏文書調印式の場となると聞いた時、世間の他の人々と同じくらい驚いた。トルーマン大統領はミズーリ号が進水した際、「いつか広大なミズーリ号が総力をあげて東京湾に流入し、戦争は終わるであろう」と述べた。

　　降伏文書調印式の際、デッキ上での当直将校として任務したのは名誉なことであった。多くの人がどうやってその役に選ばれたのかと聞いてきたが、個人的ではなく、組織的な選択によるものだった。船員配置、戦争準備などの儀式やその他のイベントがある際は航海長が常にその責任者となった。今回のこの降伏式は実に特別なものであり、多くのプロの助けを借りながら企画された。

　　ハルゼー海軍大将の下で働いていた第3号のスタッフ、我々の船の船長、その他の役員は、連合国軍の役員および招かれたメディア、新聞関係の代表者の送迎、宿泊準備などの詳細を全て心得ていた。

　　我々は、このような行事は今まで起きたことがないと悟っていたし、学ぶことが多いことも分かっていた。

まず最初に思ったことは、これは大変正式な儀式であり、白い正装姿、サーベル、青と金色に満ちた煌きで一杯であろうということだった。しかしながら、その後すぐ、マッカーサー元帥の方から「我々はカーキ色の軍服で戦ったのだから、降伏もカーキ色郡服で受け入れるものとする。」という命令が下ったと聞いた。

　ミズーリ号は錨を下ろし停泊したが、係留はしていなかった。駆遂艦を主とする艦隊の船が様々な場所から日本人を含む高官の人たちの送迎のために召集された。艦隊は役人やメディア関係の人達を降ろすため、右側に停止した。日本船に関しては我々が司令艦艇、それに艦長用ボートを日本船まで出し、義足をつけた重光守外務大臣を含む日本の役人たちがこちらの船のタラップのはしごを登れるよう、右側に船をつけた。そして日本代表団はデッキの当直将校がいるところから中に入ってもいいかと許可を求めた。

　私の主な役割はその日のプランの詳細を決定し、午前8時から午後12時までの出来事を降伏文書調印式全体を含め、日誌に記述することであった。メインマストにニミッツ海軍大将とマッカーサー陸軍元帥の旗を隣り合わせに揚げることを含め、全てプラン通り進められたので嬉しく思っている。

　大変短かくはあったが、深い感銘を受けた儀式の後、日本人代表団は船を去った。アメリカの航空機のため空は黒くなっていた。これはこの戦いに成功をもたらした我々の優れた軍事力を思い出させるものであった。

戦争が始まった際には、我々は勝つかどうか分からなかった。アメリカは最後の独立記念日、7月4日を祝い、やまと号がサンフランシスコ湾に乗り込むのか。もう少しで負けるところであった。

　計り知れぬ数百万人もの命が太平洋戦争で失われた。アメリカ人の戦死、その他の死傷者は百万人を超えた。これらの犠牲者の数は海軍での心因性障害と闘っている者や戦争現場以外での犠牲者の数を含んでいない。

　もし日本が降伏していなければ、さらに多くの命が両国共に失われたであろう。アメリカの軍医総官は、予定されていた土地侵入の場に50万ほどの遺体袋を注文した。日本軍隊は、民兵が天皇の為に戦う準備をした際、「一億人もの名誉ある死」と宣言した。

　1945年9月2日、歴史上最も意義のある節目を閉じ、多くの悲惨な戦い、世界的紛争、そして何年にもわたる日本の攻撃に終止符を打った。

　戦争は終わった。

2005年9月2日、ジェームス・L・スターンズ「広大なミズーリ号」

1945年9月2日、私は戦艦ミズーリ号のデッキの上に立った。デッキの当直将校として、日本の天皇が世界の同盟国軍に対して降伏した式典に参加し、立ち会うことが出来た。海軍で任務した5年間、多くの場で戦いを見てきたが、それもついに終わり、しかも我々の勝利に終わった。これは大変特別な時であった。感慨深かった。世界は今や平和である。これは言葉では言い表せないことであった。そのひと時は、いつか勝利に至るだろうと命を犠牲にした人達全てに捧げられた。私は2005年9月2日、60周年記念日のため真珠湾へ戻った。歴史上の重要な瞬間の記念式典に参加し、ミズーリ号のデッキに再び立たせてもらい、第二次世界大戦という、世界的紛争に終わりを齎したイベントを思い出すための訪問であった。

　戦艦ミズーリ号記念館はUSSアリゾナ記念センターの近く、真珠湾の小島の一つに位置するフォード島に隣接して係留している。アリゾナ記念センターは1945年12月7日の真珠湾攻撃の際船で亡くなった1177人の水夫と海兵隊員が眠る場所として知られている。

戦艦ミズーリ号記念館
63 Cowpens Street
Honolulu, Hawaii 96818
https://www.ussmissouri.org

1945年9月2日を忘れずに

　1945年9月2日は今でも私の人生におけるハイライトである。私はアメリカ合衆国が他にはどこにもない特別な国だと確信していた。ほぼ70年後の今、ほとんどのアメリカ人はこの日の意義を忘れてしまっている。

　第二次世界大戦で7200万以上もの人々が亡くなったことを覚えておこう。
　男女合わせて1600万人ものアメリカ兵氏が戦ったことを覚えておこう。
　100万人以上のアメリカ人の犠牲者が出たことを覚えておこう。
　地球ほとんど全体の61カ国もの国が参戦したことを覚えておこう。
　5000万人もの難民、流民がいたことを覚えておこう。
　戦争の後、アメリカが再建しようと努力した国、ドイツと日本は今や同盟国であることを覚えておこう。

　1945年9月2日の意義を忘れず、世界自由の為戦い犠牲となり死んでいった男女のために栄誉を称えよ

うではないか。我々は社会に貢献し、投票権を駆使し、人生の生き方、自由、そして「万民のための自由と正義を備えた、神の下の分割すべからざる一国家」を守るという責任を果たすべきだ。

　　　　　───ジェームス・L・スターンズ
　　　　　アメリカ海軍予備艦隊少佐（退役）

後注

¹ ジェームス・L・「ジム」スターンズの著者との電話でのインタビュー、そしてスターンズ、「相棒少年―私の孫達、チャンドラー、ブライアント、そしてウェズリー」からの覚え書きより。スターンズは1921年にアーカンソーのリトルロックでジェームス・L・スターンズとモーデ・ホワイトとの間に生まれ、ジョージアのディケーターで育った。エモリー大学に2年間通った後、海軍に入った。スターンズはV7のクラスを卒業した。「我々はまるでアナポリスにいるかのような訓練を受けた。中身のぎっしり詰まったプログラムだった。」スターンズは1940年に3等海尉を委任され、一般人としての生活に戻る代わりに、現役勤務を選んだ。

² USSボイシはブルックリン・クラス・ライト・クルーザーだった。

³ 1941年9月1日、スタンフォードはローズボウルゲームでネブラスカを負かすためTフォーメーションを使い、21対14で勝利を獲得し、フットボールの歴史を作った。ローズボウル1941年[2012年10月27日アクセス]
http://www.rosebowlhistory.org/rose-bowl-1941.php

⁴USSボイシは部隊運送の護衛を勤めた。カーミット・ボナー　*最後の航海*（パデューカ、ケンタッキー州：ターナー出版、1996年）p. 30

⁵日付変更線の西はハワイ-アリューシャン列島の標準タイムゾーンより一日早い。

⁶海軍の海軍長官であったフランク・ノックスは14歳の時、米西戦争中、キューバのテディ・ルーズベルト率いるラフライダーで隊員として勤めた。ジャック・アレクサンダー、「海軍長官、フランク・ノックス」ライフ、1941年3月10日号、そして海軍史とヘリテージコマンドのウエブサイトより。

⁷同盟軍は部隊を供給するための日本経路を「東京エキスプレス」と呼んだ。

⁸ノーマン・スコット海軍大将は、海に埋葬されたが、1942年11月13日に旗艦、クルーザーアトランタで航海中、戦死した。ウィンストン・グルーム、*1942年：男性の魂を試した年*（2005年ニューヨークグローブ出版）、p. 302

⁹スターンズの記憶から、そして*最後の航海*の中でも p. 33 にボナーが、エスペランス岬の戦いにおけるボイシの損害と犠牲者について書いている。更に海軍史センターのウエブサイトでも述べられている。http://www.history.navy.mil/photos/per-us/uspers-m/ej-moran.htm　　［2010年9月5日アクセス］

¹⁰ エドワード・J・モラン（マイク）艦長(1893-1957)は東インド諸島遠征中、ボイシが座礁してしまった後、アメリカへ戻る命令が下されるだろうと決め込んでいた。モランはガダルカナルを占拠するための運動のために船を南太平洋交戦地帯に率い、その「驚異的なヒロイズムと勇気」で、海軍殊勲章を授与した。エドワード・J・モラン（マイク）海軍少尉、アメリカ海軍（退役）、1893-1957）海軍省-海軍史センター、http://www.history.navy.mil/photos/per-us/uspers-m/ej-moran.htm　[2010年9月8日アクセス]

¹¹ カーミット・ボナー　*最後の航海*（パデューカ、ケンタッキー州：ターナー出版 1996年) p. 48

¹² スターンズはボイスが太平洋へ戻る際、航海長となった。

¹³ エドワード・T・サリバン、*究極の武器　原爆を開発する競争*（ニューヨーク州ニューヨーク市：ホリデイハウス出版、2007年）p. 152

¹⁴ 小磯国昭は1944年7月、東條英機の後を継ぎ内閣総理大臣となった。「危機が東京に組閣させた。スターズエンドストライプス、ロンドン版、1945年4月6日

¹⁵ 「我々は軍用品工場を爆撃する為に、艦隊を北海道まで導いた」とスターンズ少佐は述べた。

[16] スターンズは義足をつけている重光葵外務大臣が階段から落ちるかもしれないと心配した。ビル・トーピイ「65年//ちょっとそこの通りまで」アトランタジャーナル-コンスティチューション、2010年8月28日

[17] 海軍省から陸軍、海軍部のヘッドであるビクター・ゴンドスに宛てた1965年9月28日付けの手紙で、「航海日誌やブカナン、ニコラスの戦争日記によると、ブカナンがマッカーサー陸軍元帥を日本降伏文書調印式の為ミズーリまで送ったことは明らかだ」と述べられている。ナショナル・アーカイブ

[18] 1945年9月2日ミズーリ号の航海日誌より。ハリー・S・トゥルーマン　ライブラリー、モンタナ州、インディペンダンス

[19] 外務大臣重光葵が日本人使者の代表者であった

[20] 午前8時56分に日本代表団が乗船した。航海日誌によると、午前9時2分に式が開始し、降伏文書が出席した全ての代表団に提出された。代表団にはアメリカ合衆国、中華人民共和国、イギリス、イギリス太平洋艦隊、ソビエト連邦共和国、オーストラリア連邦、カナダの自治領、フランス共和国、ニュージーランド連邦、オランダ連合王国、日本天皇、米国海軍、米国陸軍、が含まれる。

[21] J・L・スターンズ、アメリカ海軍予備艦隊少佐、によるデッキ日誌より。ハリー・S・トゥルーマンライブラリー

[22] １９４５年９月２日、日本降伏。降伏文書調印式の終了時、航空機が上空を舞った。アメリカ海軍史、ヘリテージ・コマンド
http://www.history.navy.mil/index.html ［2010 年 8 月 30 日アクセス］

[23] リチャード・C・カール、2007 年 5 月 17 日、ニューヨーク州ヤングスタウンにて「*汝の父母に敬意を*」の出版のためのディースとのインタビューから。ティニアンの爆撃機グループに割り当てられたカールは日本のいくつかの都市での放火爆撃空襲に参加した。そのミッションの前に、士官のクラブのバーテンダーをしていた日本人捕虜がカールに「秘密の」ターゲットを特定した。

ジェームス・L・スターンズ

　ジェームス・L・スターンズは1921年にアーカンソーのリトルロックで生まれた。その後彼の家族はジョージアのディケーターに引越し、スターンズはディケーター男子高校に通った。
　1943年1月15日、ジムは幼馴染のローズ・コートニーと結婚した。戦争の後、ジムは昼間家族を支えるために働いた一方、エモリーズ・ラマー大学法学部へ夜間通った。二人は4人の子供を授かったが、結婚17年後、ローズは癌のため、38歳で他界した。
　スターンズはベティ・ヒューエンと出会い、1961年に結婚した。そしてスターンズはベティの3人の子供を養子に迎えた。ベティは2010年に他界。
　ジムの隣人であり友達だったヘンリー・ハリスは戦争の後、神学校へ進む予定だった。しかしハリスはガダルカナル島の戦いで戦死した。
　ジェームス・L・スターンズ少佐は1945年9月にゴードン・ビーチャー指揮官によって書かれた詩の中の表現、「ニミッツによって。。。そしてハルゼー。。。そして私自身」の中に自分を心に描いた。
　詩は「真珠湾での出来事を覚えていろ」と終わっている。そして、日本に対し、決して二度と戦争を始めぬように警告している。「我が国にはニミッツ。。。

そしてハルゼー。。。そして私自身、のような人材が何百万人もいるのだから」と。1945年9月2日のミズーリ号のデッキ上での責任者にとっては、この詩の最後の表現、「ニミッツ。。。そしてハズリー。。。そしてスターンズ」を意味していた。

　　　　　　　ユーチューブビデオオンライン

　　「日本の降伏署名　1945年　ニュースリール」
　　　http://www.youtube.com/watch?v=p09gugpF_hE

著者について

　スザンヌ・サイモン・ディースはニューヨーク州、バッファロー、およびポータータウンのエアロクラブの歴史家である。ディース女史はニューヨーク州西部地方でその土地の歴史的トピック、特に第二次世界大戦中、ポータータウンにあるナイアガラ要塞で拘置されたドイツの捕虜について講演している。

　ディース女史はナイアガラ航空宇宙博物館のもと、研究をし論文を書く。著者の父親である故ジョン・ビクター・サイモン氏は、第353のリジメント（第89の歩兵師団）をもつ米国陸軍のスカウトとして勤めた。

翻訳者について

　坂本明美（アイゼルベーカー）

　兵庫県神戸市出身。同志社女子大学英文科卒業後、留学の為渡米し、ニューヨーク州立大学バッファロー大学教育学部にて第二ヶ国語としての英語教育を専攻し修士号、外国語教育を専攻し博士号を習得。現在は日本語講師として同学で教鞭を執りつつ、翻訳、通訳も手掛けている。

www.ingramcontent.com/pod-product-compliance
Lightning Source LLC
Chambersburg PA
CBHW071649040426
42452CB00009B/1812